SECRETS OF SALSA

Secrets of Salsa

A BILINGUAL SALSA
COOKBOOK
BY

The Mexican Women
OF
Anderson Valley

produced by Kira Brennan
illustrated by Carol Kissler

The Anderson Valley Adult School offers classes in high school subjects, GED, Spanish, English as a Second Language, Computers, Parenting, and Adult Basic Education. The program is designed to encourage and facilitate communication among parents, teachers and members of the community, and to provide for the various educational needs of our community.

Sharing Secrets of Salsa: Mixing English with Community Spirit, a documentary film depicting the heartwarming story of producing the *Secrets of Salsa* cookbook and the women who participated, is now available on DVD from the Anderson Valley Adult School. (See contact information below.)

**The proceeds from *Secrets of Salsa*
benefit adult literacy
at Anderson Valley Adult School.**

Published by
Anderson Valley Adult School
Box 457
Boonville, CA 95415
707-895-2953
email: info@secretsofsalsa.com
web: www.secretsofsalsa.com

Artwork by Carol Kissler
Design and typesetting by King Collins (Green Mac)
Produced by Kira Brennan

3rd Edition: September 2005

Copyright © 2001 by the Anderson Valley Adult School.
All rights reserved. No part of this book may be reproduced
in any form without written permission from the school.

Muchas Gracias

Many Thanks To:

The staff at the Anderson Valley Adult School
for essential support at every stage of production:
Barbara Goodell, Frances Martin and Margaret Howe

Patty DeFaveri and the AVHS computer class
for starting the production of this book

Maria Goodwin for her patience and effort in
compiling and organizing the text

Translators: Veronica Malfavon, Araceli Mendoza,
Esther Soto, Linda and Marcos, and Martha Gaffney

English Editors: Margaret Howe, Barbara Goodell,
Kathy MacDonald, Ellen Springwater and Verge Belanger

Senior Editor, English: Maria Goodwin

Spanish Editors: Teresa Guerrero, Jorge
and Margi Gomez, Frances Martin, Debra Mendoza

Senior Editor, Spanish: Vivian Power

Recipe Testers: Ginny Island, Heidi Gundling
Veronica Malfavon, Robin Lindsay

Photographer: Kent Rogers

The Mendocino County Fair booth-makers:
Manuel Perez, Rob Goodell, Jose Padilla

The Community Multimedia Alliance
and the computer graphics class taught by King Collins

Karen Bates for calligraphy and layout advice
Sophia Bates for map drawings

Carol Kissler, the perfect 'artista-compañera' on the run

Robby Bruce and my family for their interest, love
and support throughout this project.

Tribute

Este libro de recetas es un homenaje al genio colaborativo de la cultura mexicana. El libro ha pasado por muchas etapas y muchas manos han participado en su creación. Esta clase refleja las estaciones agrícolas de esta área; los estudiantes van y vienen según su itinerario de trabajo. Sin embargo cuando llegan estudiantes nuevos, se integran inmediatamente con los creadores del libro. Gracias a todas las mujeres que han colaborado con este proyecto.

A special thanks to these students who also participated in this project:

Evangelina Angulo *Aurora Torres*
Hilda Carrillo *Martha Viramontes*
Norma Ferreyra *Teresa Padilla*
Martha Jiménez *Lucy Mendoza*
Mirella Mendoza *Maria de Jesus Lopez*
Teresa Ochoa *Blanca Pacheco*
Teresa Pérez *Ana Peña*
Elena Orozco *Maria Elena Rocha*
Felipa Romero *Marisol Jimenez*
Isidra Santamaría *Vicky Zuñiga*

This is a tribute to the collective nature of the Mexican culture. There have been many phases of this cookbook; many hands have played a part in its creation. Our classroom reflects the patterns of seasonal work in agriculture that mark our area – students come and go according to work schedules. However, when new students arrive they are immediately brought into the "we" of this cookbook. Thank you to the women who have collaborated in this project.

Table of Contents

The Story of the Salsa Cookbook	8
La Historia del Libro de las Salsas	9
Class Picture	10
List of Recipes	11
Chilies Used in Recipes	62
Basic Roasting Instructions: Chilies	63
Basic Roasting Instructions: Tomatoes	64
How to Mix, Blend, and Grind Salsas	65
Map of California	66
Map of Mexico	67

The Story of the Salsa Cookbook

This salsa cookbook has had an intriguing life of its own. It began in the morning English classes at the adult school in Anderson Valley. With the bounty of fall upon us, tomatoes, chilies, cilantro and onions found their way into our classroom as fresh salsas. The vibrant colors were as inspiring as the unique tastes. The secret of making great homemade salsa was at our fingertips!

The idea of a salsa cookbook was born when we decided that students would bring a favorite salsa to class each day. We translated the recipes into English and ate salsa with different Mexican dishes. What evolved was not just a lesson of how to make salsa, but of women sharing their stories through the common experience of food. We began to learn how to celebrate and value ourselves and each other as women, mothers, partners, cooks, housekeepers, workers, and as students of English.

For each woman, on her "salsa day," we would write a short story about her in English by having each class member contribute something positive about that person. Through this collective process we became excited about sharing stories and committed to the idea of producing the cookbook that we would share in our community.

At the end of the school year we hosted a bilingual salsa cookbook night with Anglos and Mexicans working together to test recipes and enjoy a Mexican dinner replete with live Mexican music. At the annual Mendocino County Fair, we had a salsa-tasting booth featuring samples of these unique and delectable salsas. It was an incredible event.

We hope you enjoy the 25 salsas in this cookbook. We share them with love and the hope that all people in our community continue to grow and share together. *¡Buen provecho!*

It has been our good fortune to work with these exceptional women and to be a part of this project.

Kira Brennan and the adult school teachers

La Historia del Libro de las Salsas

Este libro de cocina para preparar salsas tiene su propia historia fascinante. Todo comenzó durante las clases de inglés de la Escuela de Adultos de Anderson Valley. Según se nos venía encima la abundancia de la cosecha de otoño, los jitomates, chiles, el cilantro y las cebollas llegaban a nuestros salones convertidos en frescas salsas. Los vivos colores y los sabores incomparables nos servían de inspiración. ¡Teníamos a nuestro alcance el secreto de cómo preparar una exquisita salsa casera!

La idea de crear este libro surgió cuando decidimos que cada estudiante iba a traer a clase su salsa favorita. Tradujimos, pues, las recetas a la vez que saboreamos las salsas con diferentes platos mexicanos. Como resultado, aprendimos más que hacer salsas. Al compartir comida y recetas, tuvimos, además, la oportunidad de intercambiar nuestras propias historias y de celebrar y valorar nuestros papeles de mujeres, madres, compañeras, cocineras, amas de casas, obreras y estudiantes de inglés.

El día que le tocaba a cada mujer presentar su salsa, le escribíamos en inglés una breve historia basada en los comentarios positivos sobre ella que cada miembro de la clase contribuía. Este esfuerzo colectivo nos alentó a compartir las historias y nos convenimos a la idea de producir un libro de cocina que pudiéramos compartir con nuestra comunidad.

Una noche, al final de año escolar, invitamos a todos a celebrar el libro de las salsas. Americanos y mexicanos, ambos compartiendo en dos lenguas, pusieron a prueba las recetas y disfrutaron de la comida y música mexicana en vivo. El próximo septiembre, durante la Feria del Condado de Mendocino, obtuvimos un puesto donde se ofrecieron muestras de estas sabrosas salsas sin igual. Fue una ocasión sin comparación.

Deseamos que disfruten de las 25 salsas que aquí se presentan. Las ofrecemos con mucho cariño y con la esperanza de que juntos, como comunidad, continuemos creciendo y compartiendo nuestros recursos. *¡Buen provecho!*

Nos sentimos dichosa haber podido trabajar con estas mujeres maravillosas y haber sido parte de este proyecto.

Kira Brennan y las maestras de la Escuela de Adultos

Photo by Kent Rogers

Secrets of Salsa: List of Recipes

Recipe	Recipe created by	Page
Mexican Green Honey Salsa	Estela Jacinto	12
Roasted Red Tomato and Green Chili Salsa	Gabriela Quezada	14
Mango Cucumber Salsa	Teresa Álvarez	16
Toasted Sesame Salsa	Camelia Roldán and Arcelia Saucedo	18
Traditional Fresh Salsa	María Elena Mendoza	20
Ranchera Salsa	Bertha Mendoza	22
Citrus Salsa	Marina Franco	24
Simmered Red and Green Tomato Salsa	Yotilde Orozco	26
Marinated Lemon Habanero Salsa	Laura Espinosa	28
Five Green Salsa	Martha Ferreyra	30
Original Red Salsa	Ángeles Segura	32
Mango Jicama Salsa	Ana Álvarez	34
Seafood Salsa	Yotilde Orozco	36
Roasted Red Chili Tomatillo Salsa	Priscila Anguiano	38
Simmered Tomatillo Serrano Salsa	Antonia Pérez	40
Smoky Chipotle Salsa	Laura Espinosa	42
Fresh Fruit Salsa	Carmela Valdivia	44
Potato and Carrot Salsa	María Elena Plancarte	46
Roasted Three Chili Salsa	María Jiménez	48
Fresh Cabbage Salsa	Beatriz Sánchez	50
Peppercorn and Clove Salsa	Celia Argüelles	52
Fresh Tomatillo Salsa	Leticia Guerrero	54
Sweet Salsa for Tostadas	Martha González	56
Guajillo Salsa	Juana Sánchez	58
Ceviche of Cucumber Salsa	América Bailón	60

This is the traditional "salsa verde" found on every Mexican table. This salsa in particular combines the smoky flavor of roasted tomatillos with a subtle touch of honey. It is an excellent salsa for quesadillas and tacos.

Mexican Green Honey Salsa

MEDIUM-HOT

Estela Jacinto

1 lb. tomatillos (husked)
1 small onion, quartered
1–3 serrano chilies or jalapeños
1–2 cloves garlic
1/2 cup fresh cilantro, chopped
1/2 Tbs. honey or sugar
1/3–1/2 cup chicken broth
salt and pepper to taste

Heat a large non–stick pan over medium heat. Grill the onion, chilies, and garlic for approximately five minutes, turning them with tongs until they are evenly grilled (see roasting instructions). Roast the tomatillos separately from the other ingredients. Put all grilled ingredients into a blender and blend well. Ingredients can also be mixed in a *molcajete* (mortar and pestle). Empty contents of blender into a bowl. Add cilantro, honey (or sugar), and chicken broth. Stir. Season with salt and pepper. The salsa should have a liquid consistency. Add more broth if necessary.

Estela remembers that this was the most common salsa in her family and was always prepared in a molcajete. It was her father's favorite and he would eat this salsa rolled up in freshly–made hot tortillas, always with a glass of milk. Estela is from Degollado, Jalisco, and has lived in this area for six years.

La salsa verde tradicional se sirve en muchas casas mexicanas. Combina el sabor ahumado de los tomatillos asados con un sutil toque de miel. Es una salsa excelente para quesadillas y tacos.

Salsa Verde de Miel

MEDIO PICANTE

Estela Jacinto

1 libra de tomatillos pelados
1 cebolla pequeña partida en cuartos
1–3 chiles serranos o jalapeños
1–2 dientes de ajo
1/2 taza de cilantro picado
1/2 cucharada de miel o azúcar
1/3–1/2 taza de caldo de pollo
sal y pimienta en polvo al gusto

Asar la cebolla, los chiles y el ajo aproximadamente cinco minutos. Asar los tomatillos aparte. Poner estos ingredientes dentro de la licuadora y licuar bien o molerlo en el molcajete. Verter este contenido en un tazón. Agregar cilantro, miel (o azúcar) y el caldo de pollo. Sazonar con sal y pimienta. Nota: La salsa debe tener una consistencia líquida. Agregar más caldo si es necesario.

Estela recuerda que ésta era la salsa más común en su familia. Siempre la hacían en un molcajete. Era la salsa favorita de su padre, quien la ponía en tortillas calientes, acabaditas de hacer y siempre acompañadas de una taza de leche. Estela es de Degollado, Jalisco, y ha vivido aquí por seis años.

This salsa has the harmonious combination of ingredients typically found in homemade salsa. The robust flavor of roasted tomatoes and chilies is excellent with chili rellenos, quesadillas, and all meat dishes.

Roasted Tomato & Green Chili Salsa

MEDIUM-HOT

Gabriela Quezada

1 lb. tomatoes
3–4 serrano chilies
1 clove garlic
1/2 bunch cilantro, finely chopped
1/2 onion, finely chopped
1/4 cup water
salt to taste

Grill tomatoes and chilies (see roasting instructions). In a blender, blend the garlic and water. Add portions of tomatoes and chilies until all ingredients are well blended. This recipe can also be made in a molcajete (see page 65). Put into a serving dish or molcajete. Add chopped cilantro and onion and mix well. Salt to taste. Serve.

Gabriela's family loves this very special salsa. She learned this recipe while working in a restaurant with other Mexican women here in Boonville. Gabriela is originally from Guadalajara City, and has lived in Anderson Valley for five years.

Esta salsa tiene una combinación balanceada de los ingredientes típicos de una salsa casera. El robusto sabor de los jitomates y los chiles asados es excelente cuando acompaña toda clase de comida mexicana.

Salsa de Jitomate y Chile Verde Asado
MEDIO PICANTE

Gabriela Quezada

1 libra de jitomates
3–4 chiles serranos
1 diente de ajo
1/2 ramito de cilantro picado
1/2 cebolla picada
1/4 taza de agua
sal al gusto

Asar los jitomates y chiles. Licuar el ajo con el agua. Agregar porciones de los jitomates y chiles hasta que todo esté bien licuado. Ponerlos en un tazón, agregar el cilantro y la cebolla. Sazonar con sal al gusto y servir. Este receta se puede hacer con el molcajete.

A la familia de Gabriela le encanta esta salsa. Ella aprendió a hacerla cuando trabajaba en un restaurante aquí en Boonville. Gabriela viene de Guadalajara y ha vivido en Anderson Valley por cinco años.

This salsa is the essence of summer—a combination of fresh cool cucumbers, sweet mangoes, tart limes and the "pica" of chilies. This colorful salsa will accompany fish dishes or tostadas beautifully.

Mango Cucumber Salsa
MILD
Teresa Álvarez

2 medium cucumbers
1 large mango
1–2 jalapeños or serrano chilies
3 limes
1/2 clove garlic
1/2 tsp. chili powder
salt to taste

Peel mango and cucumbers. Chop into small bite-sized pieces. Add finely chopped garlic and chilies. Put into a bowl with salt and lime juice. Sprinkle with red chili powder.

This salsa comes from the "tierra caliente" (the hot lands) and is commonly known as "pico de gallo" (rooster's beak). Teresa remembers her grandmother making this salsa and how refreshing it could be on hot days. She is originally from Uruapán, Michoacan, and has lived in Anderson Valley for ten years.

Esta salsa de verano, una combinación de pepinos frescos, mangos dulces, limones agrios y chiles picantes, viene a ser esencia de verano. Esta salsa de colores vivos puede acompañar platos de pescado y tostadas.

Salsa de Mango y Pepinos
NO ES PICANTE

Teresa Álvarez

2 pepinos medianos
1 mango grande
1–2 chiles jalapeños
  o serranos
3 limones verdes
1/2 diente de ajo
1/2 cucharadita de chile
  en polvo
sal al gusto

Pelar el mango y los pepinos. Picarlos en trocitos. Agregar el ajo y los chiles bien picados. Ponerlo todo en un tazón y agregarle el jugo del limón, la sal al gusto y el chile en polvo.

Esta salsa viene de "tierra caliente" y es conocida como "pico de gallo". Teresa recuerda que su abuela la preparaba. Es una salsa fresca y excelente en días calurosos. Teresa es de Uruapán, Michoacán y ha vivido en Anderson Valley por diez años.

This fiery red chili salsa has a unique oriental flavor of toasted sesame seeds. It has a smoky undertone—an excellent accompaniment for meat and chicken dishes, grilled fish and tuna salad.

Toasted Sesame Salsa

HOT

Camelia Roldán & Arcelia Saucedo

30 chilies de árbol
 (dried red chilies)
2/3 cup cooking oil
1/2 clove garlic
3 tsps. sesame seed, toasted
salt to taste

Toast sesame seeds (white or brown) in a hot frying pan. Keep shaking the frying pan until seeds are lightly toasted, about 2–3 minutes. Finely chop the chilies de árbol and garlic. Heat the oil until very hot, then add chilies, garlic, and sesame seeds and cover. Cook for one minute. Turn off heat. Let cool. Blend all ingredients on high in blender. Salt to taste. Do not refrigerate. This salsa will last for two to three weeks.

This salsa originates from a restaurant in Uruapán called La Pachita. It is a traditional salsa that accompanies pozole and other Mexican dishes. It's a very unique and spicy salsa that serves as an accompanying sauce or even a marinade. Camelia and Arcelia are sisters from Uruapán, Michoacan.

Esta salsa picante de chile rojo tiene el sabor oriental de las semillas tostadas de ajonjolí. De sabor ahumado, es excelente para acompañar la carne, el pollo, el pescado a la parilla o una ensalada de atún.

Salsa de Ajonjolí Tostado
MUY PICANTE

Camelia Roldán & Arcelia Saucedo

30 chiles de árbol (secos)
2/3 taza de aceite
1/2 diente de ajo
3 cucharaditas de semillas de ajonjolí (tostadas)
sal al gusto.

En una sartén caliente echar las semillas de ajonjolí y moverlas constantemente hasta tostarlas.
Picar bien los chiles y el ajo. Calentar bien el aceite y agregar los chiles, el ajo y las semillas. Tapar y cocinar por un minuto. Apagar el fuego y dejar que se enfríe. Licuar los ingredientes a velocidad alta. Poner sal al gusto. No es necesario refrigerarse. Esta salsa dura de dos a tres semanas.

Este salsa viene de un restaurante en Uruapán que se llama La Pachita. Es una salsa muy popular y se sirve con muchos platillos mexicanos, especialmente el pozole. Es una salsa deliciosa y muy picante. Camelia y Arcelia son hermanas y vienen de Uruapán, Michoacán.

This traditional salsa is one of the most important salsas in Mexican culture. Its fresh and mild taste lends itself to any dish, or can stand alone as the perfect appetizer with chips.

Traditional Fresh Salsa

MILD-MEDIUM

María Elena Mendoza

5 Roma tomatoes
1/2 onion
1 lime
2–3 serrano chilies
1 Tbs. sugar
1/2 bunch cilantro
1 tsp. salt

Finely chop onion and chilies and put into a bowl. Add lime juice, sugar, salt and finely chopped cilantro. Dice very finely tomatoes, (discard any juice) add to mixture just before serving. Tomatoes should always be added last as the salt draws out the juice. This salsa should be eaten soon after prepared.

Maria Elena learned early on that this salsa has a unique creative quality; add avocados and this salsa becomes a delicious guacamole; add nopales (cactus) and this salsa becomes the unique and flavorful nopale salsa.

Esta salsa tradicional es una de las más importantes de la cultura mexicana. De sabor fresco y poco pique, se presta para acompañar las comidas al igual como para servirse como aperitivo con "chips".

Salsa Fresca Tradicional

POCO PICANTE

María Elena Mendoza

5 jitomates Roma
1/2 cebolla
1 limón verde
2-3 chiles serranos
1 cucharada de azúcar
1/2 ramito de cilantro picado
1 cucharadita de sal

Picar finamente la cebolla y los chiles y colocarlos en un tazón. Agregar el jugo del limón, el azúcar y el cilantro. Cortar los jitomates en cuadritos, descartando el jugo que suelten y añadir a la mezcla justo antes de servir. Los jitomates deben ser el último ingrediente en añadirse, pues la sal hace que suelten su jugo. Esta salsa deberá comerse tan pronto se prepare.

María Elena ha descubierto que esta salsa se presta a otras combinaciones creativas. Por ejemplo, al añadírsele aguacate se convierte en un delicioso guacamole. Con nopales obtiene un sabor sin igual.

Salsa ranchera has a unique combination of flavors. The husky, Mediterranean undertone of oregano, the sweet tang of orange, and the chilies marinated in vinegar give this salsa a substantial bite. Serve with tamales, carnitas, and all egg dishes including huevos rancheros.

Ranchera Salsa

MEDIUM-HOT

Bertha Mendoza

3 tomatoes
1/2 small onion
3 jalapeños in vinegar (canned)
1 tsp. dried Mexican oregano (toasted)
1 tsp. sugar
juice of 1/2 orange
1/2 tsp. salt

This recipe can be doubled. Chop finely the tomatoes, chilies, and onion and place into a bowl. Crumble the dried oregano through your fingers and add to the mixture. (To toast oregano, put into a hot frying pan for 1–2 minutes shaking pan continuously). Add the sugar and salt. Squeeze the orange juice into the salsa. Mix all ingredients.

Bertha remembers the parties at her family's ranch—people would arrive from all over, a pig would be killed, and the meat would be cut into small pieces and fried with herbs for tacos de carnitas. This salsa is made especially for carnitas because of the flavors of oregano and oranges. Bertha is originally from San José, Michoacan, and has lived in Anderson Valley for fourteen years.

La salsa ranchera tiene una singular combinación de sabores. El gusto sustancioso de esta salsa proviene del orégano con su robusto matiz mediterráneo, de la naranja de sabor agridulce y de los chiles remojados en vinagre. Sírvase con tamales, carnitas y con huevos rancheros.

Salsa Ranchera

MEDIO PICANTE

Bertha Mendoza

3 jitomates
1/2 cebolla pequeña
3 chiles jalapeños
  en vinagre enlatados
1 cucharadita de orégano
  seco, mexicano
1 cucharadita de azúcar
1/2 naranja en jugo
1/2 cucharadita de sal

Puede duplicar la receta. Picar en pedacitos los jitomates, chiles, la cebolla y ponerlos en un tazón. (Tostar el orégano 1–2 minutos en una sartén caliente, moviéndolo para no quemarlo.) Desmenuzar el orégano seco entre los dedos y añadir a la mezcla. Agregar el azúcar y la sal. Exprimir el jugo de la naranja dentro de la salsa. Mezclar los ingredientes.

Bertha recuerda las fiestas en el rancho de su familia. La gente llegaba de todos lados. Mataban un puerco, se cortaba la carne en trocitos y se freía con hierbas para los tacos de carnitas. Esta salsa se hace especialmente para las carnitas por su sabor a orégano y a naranja. Bertha viene de San José, Michoacán y ha vivido en Anderson Valley durante catorce años.

This lovely green and orange salsa has a unique citrus zest that complements all chicken and fish dishes. Excellent served as a dip with a side of sour cream.

Citrus Salsa

MILD-MEDIUM

Marina Franco

1 lb. tomatillos (husked)
1 bunch cilantro
2–3 jalapeños
1 small onion
4 oranges
salt to taste

Dice tomatillos, jalapeños, and onions into very small pieces and put into a bowl. Add chopped cilantro and the juice of three oranges. Salt to taste. Peel the remaining orange and cut into small pieces. Add to salsa.

Marina is originally from Poncitlan, Jalisco, and has lived in Anderson Valley for four years. She is the mother of three children.

Esta salsa rica, de colores verde y anaranjado, tiene un sabor único a naranja que complementa el pollo y el pescado. También es excelente servida con "chips" y crema agria.

Salsa de Naranja
POCO PICANTE

Marina Franco

1 libra de tomatillos pelados
1 ramito de cilantro
2–3 chiles jalapeños
1 cebolla pequeña
4 naranjas
sal al gusto

Cortar finamente los tomatillos, los jalapeños, y la cebolla y poner en un tazón. Agregar el cilantro picado y el jugo de tres naranjas. Pelar la naranja que sobra, cortar en trozos pequeños y agregar a la salsa. Agregar sal al gusto.

Marina viene de Poncitlán, Jalisco y ha vivido en Anderson Valley por cuatro años. Es madre de tres hijos.

This fiery and colorful salsa combines the essentials of the Mexican kitchen. It is both delectable and substantial; add a dollop of sour cream, a sprig of cilantro and a sprinkle of chili flakes and you have a masterpiece for any table.

Simmered Red and Green Tomato Salsa

HOT

Yotilde Orozco

1 lb. tomatoes
1 lb. tomatillos (husked)
30 chili de árbol (dried red chilies)
1 clove garlic
1/2 cup reserved tomato water
1/2 onion
1/2 bunch cilantro
salt to taste

Wash the tomatoes and tomatillos. Boil the tomatoes and tomatillos together in enough water to cover until soft and yellowed. Drain and reserve 1/2 cup of tomato water. Roast the chilies (see roasting instructions). In a blender, first blend garlic and roasted chilies with reserved water, gradually adding boiled tomatoes and tomatillos until thoroughly blended. Pour into a bowl. Add chopped onion, cilantro, and salt to taste. Mix well and serve.

Yotilde is a creative and colorful cook and adapted this recipe from one of her mother's. At the age of ten she began to make this salsa for her family of ten people and it was always the favorite. Yotilde is originally from Arroyo Seco, Jalisco, and has lived in Anderson Valley for thirteen years.

Esta salsa picante y colorida combina los ingredientes típicos de la cocina mexicana. Es tan deliciosa como sutanciosa. Adornada con una cucharada de crema agria, una ramita de cilantro, y una pizca de hojuelas de chile, representa una obra maestra para cualquier mesa.

Salsa de Jitomates y Tomatillos
PICANTE

Yotilde Orozco

1 libra de tomatillos, pelados
1 libra de jitomates
30 chiles de árbol secos
1 diente de ajo
1/2 taza de agua hervida
1/2 cebolla picada
1/2 ramito de cilantro picado
sal al gusto.

Lavar los jitomates y tomatillos. Cubrir con agua y hervirlos hasta que estén blandos. Escurrir y guardar 1/2 taza del agua de este hervor. Asar los chiles hasta que estén suaves y se vean tostados. Licuar el ajo y los chiles asados con el agua reservada. Luego, poco a poco, añadir los jitomates y tomatillos hasta que todo quede bien licuado. Poner todo en un tazón y agregar el cilantro, la cebolla bien picada y la sal al gusto. Mezclar bien y servir.

Yotilde es una cocinera original. Ella modificó esta receta de su madre. Recuerda que a la edad de diez años ella comenzó a preparar esta salsa para los diez miembros de su familia. Desde entonces esta salsa fue la preferida. Yotilde viene de Arroyo Seco, Jalisco y ha vivido en Anderson Valley durante trece años.

This unique salsa has the zing of lemon as well as the intense fiery taste of habanero chilies. This salsa will enhance any dish, especially grilled chicken, fish and shrimp. A small amount goes a long way!

Marinated Lemon Habanero Salsa

HOT-HOT

Laura Espinosa

6 habanero chilies (orange or yellow)
2 large onions
juice of 4 lemons
1/8 tsp. black pepper
salt to taste

Note: Use a glass bowl. Do not use stainless steel because it reacts with the lemon.

Chop the chilies and onions into very fine pieces and put them into the glass bowl. Stir in lemon juice and toss to coat. Cover bowl and let mixture marinate overnight in the refrigerator. The next day add the salt and pepper and mix well.

This salsa has its roots in Mayan culture and is called "Xnipec" which means "nose of the dog." In Laura's family, it has been served for generations. She remembers making enough for a 40-person family gathering where they had to take turns cutting the onions because of the tears. Laura, originally from Mexico City, has lived in Anderson Valley for seven years.

Esta salsa combina el sabor fuerte del limón con el sabor picante de los chiles habaneros. Puede servirse en pequeña cantidad para acompañar cualquier platillo, especialmente las carnitas, el pollo, pescado y los camarones a la parrilla.

Salsa Habanero en Escabeche de Limón
MUY PICANTE

Laura Espinosa

6 chiles habaneros
   (rojos o amarillos)
2 cebollas grandes
jugo de 4 limones*
1/8 cucharadita de
   pimienta negra en polvo
sal al gusto

Picar finamente los chiles y la cebolla, ponerlos en un tazón de vidrio. Mezclar bien con el jugo de limón y tapar. Dejar reposar toda una noche en el refrigerador. Al día siguiente agregar la sal y la pimienta negra en polvo y mezclarlo todo bien.
*Para esta receta debe usar limones amarillos en vez del limón verde que se usa en todas las otras recetas. Nota: Preparar y guardar en tazón de vidrio. No use tazón de acero inoxidable porque éste reacciona con el limón.

Esta salsa tiene sus raíces en la cultura maya y se llama "Xnipec" que quiere decir "nariz del perro". Varias generaciones de la familia de Laura han servido esta salsa. Recuerda ella cómo, en una reunión familiar de 40 personas, tuvieron que turnarse para cortar las cebollas a causa de las lágrimas. Laura viene de la Ciudad de México y ha vivido en Anderson Valley por siete años.

This traditional green salsa has the variation of garlic and lime. Both ingredients greatly enhance the flavors creating a delightful and light salsa. Excellent served with all chicken dishes, meat tacos, and polenta.

Five Green Salsa with Garlic and Lime
MEDIUM-HOT

Martha Ferreyra

1 lb. tomatillos (husked)
1 ripe avocado
4–7 jalapeño or serrano chilies
1 lime
1 clove garlic
1/2 cup chopped cilantro

Roast chilies and tomatillos on the grill (see roasting instructions). Blend garlic first with a little water in blender, or mash using a molcajete (mortar and pestle). Combine garlic with roasted chilies and tomatillos and blend on low. Mash or cut finely the avocado. Combine avocado, cilantro and contents of blender in a bowl. Squeeze lime into salsa and add salt to taste.

This salsa was created seven years ago as a special addition to "taquitos de birria" (barbecued goat tacos). Martha is from La Laguneta, Michoacan, and has lived here for fifteen years.

Esta salsa verde tradicional se varía con el ajo y el limón. Ambos ingredientes realzan los sabores, creando una salsa deliciosa y ligera. Es excelente servida con pollo, los tacos de carne, especialemente los tacos de birria y harina de maiz.

Salsa de Cinco Verdes con Ajo y Limón
MEDIO PICANTE

Martha Ferreyra

1 libra de tomatillos, pelados
1 aguacate maduro
4–7 chiles jalapeños o serranos
1 limón verde
1 diente de ajo
1/2 taza de cilantro picadito
sal al gusto

Asar los chiles y los tomatillos hasta que estén blandos. Licuar primero el ajo con un poco de agua en una licuadora (o usar un molcajete). Combinar el ajo con los chiles y los tomatillos asados y licuarlos a velocidad baja. Pelar y majar o cortar finamente el aguacate. Poner el aguacate, cilantro picado y el contenido de la licuadora en un tazón. Exprimir el limón, poner sal y mezclar todo.

Hace siete años, esta salsa se creó especialmente para acompañar los taquitos de birria—tacos de chivo a la parrilla. Martha es de La Laguneta, Michoacán y ha vivido en Anderson valley por quince años.

This is the original red salsa that was traditionally made in the molcajete–mortar and pestle–not overly spicy, but tantalizes the taste buds. This salsa will enhance many dishes, including grilled chicken, all Mexican food, or just simply on a hot tortilla.

Original Red Salsa
MILD-MEDIUM

Ángeles Segura

1 lb. tomatoes
4 chilies de árbol
  (dried red chilies)
  or 4 serrano chilies
1 clove of garlic
salt to taste

Wash and roast tomatoes (see pg. 63). Cool. Repeat procedure with chilies. Process garlic and a small amount of water in a blender or mash garlic (no water) in a molcajete. Add remaining ingredients and blend/mash well. Pour into a serving bowl or serve straight from the molcajete. Will keep up to one week refrigerated.

Ángeles learned how to make this salsa at age fifteen. It comes from a long family tradition and has been part of the table of every family meal. If it wasn't on the table her Papá would say, "Dónde está mi salsita?" (Where is my salsa?) Ángeles is originally from Guadalajara City, and has lived in Anderson Valley for one year.

Por tradición, esta salsa roja original se hacía en un molcajete (mortero). Aunque no es muy picante, incita el paladar y sirve para acompañar muchos platos tales como el pollo a la parilla, la comida mexicana o simplemente una tortilla bien caliente.

Salsa Roja de Molcajete
POCO PICANTE

Ángeles Segura

1 libra de jitomates
4 chiles de árbol (secos)
   ó 4 serranos
1 diente de ajo
 sal al gusto

Lavar y asar los jitomates y chiles. Dejar enfriar. Moler el ajo con una poca de agua en la licuadora. Puede también molerlo en el molcajete pero en ese caso no añada el agua. Añadir los chiles y los jitomates al ajo y licuar/moler esta mezcla. Servir en un tazón o en el molcajete. Se puede guardar por una semana en el refrigerador.

Ángeles aprendió a preparar esta salsa a los quince años. Esta salsa es parte de una larga tradición familiar y se sirve en todas las comidas de su familia. Si faltaba la salsa en la mesa, su papá decía: "¿Dónde está mi salsita?" Ángeles viene de Guadalajara y ha vivido en Anderson Valley por un año.

This is a refreshing and tropical looking salsa, perfect for a hot day. The light, nutty crunch of jicama is enhanced by the sweet and sour flavors of the orange and lime mixture. Excellent served with barbecued fish or chicken.

Mango Jicama Salsa
MILD
Ana Álvarez

1-1/2 cups diced jicama
1-1/2 cups diced mango
2 medium-sized oranges
2 limes
2 Tbs. chopped cilantro
1 jalapeño, finely chopped (optional)
salt to taste

Peel and chop the jicama, mango, and orange into 1/4 inch pieces. Mix well. Add salt, cilantro, and the juice of two limes. Serve.

Ana learned to make this salsa here in California and says the American people love this salsa! She is originally from Tumbiscatillo, Michoacan, and has lived in Anderson Valley for twelve years.

Esta refrescante salsa tropical es perfecta para un día caluroso. El sabor agridulce de la naranja y del limón complementa la jícama, ligera, quebradiza, de sabor a nuez. Excelente para servir con pollo o pescado a la parilla.

Salsa de Mango y Jícama
NO ES PICANTE

Ana Álvarez

1-1/2 taza de jícama
1-1/2 taza de mango
2 naranjas medianas
2 limones verdes
2 cucharadas de cilantro picado
1 jalapeño, bien picado (opcional)
sal al gusto

Pelar y picar la jícama, el mango y las naranjas en pedazos de 1/4 pulgada. Mezclar bien. Agregar sal, cilantro y exprimir el limón en la salsa. Servir.

Ana aprendió a preparar esta salsa aquí en California y dice que a los norte-americanos les encanta. Ella viene de Tumbiscatillo, Michoacán. Ha vivido en Anderson Valley por doce años.

This seafood salsa cocktail is a perfect party appetizer. The familiar taste of shrimp cocktail with the added richness of fresh salsa is a treat that will keep everyone asking for more. Serve with chips or tostadas.

Seafood Salsa

MILD-MEDIUM

Yotilde Orozco

1 lb. cocktail shrimp or shellfish of choice
1 lb. Roma tomatoes
2 avocados
1/2 large onion
1/2 cup chopped cilantro
juice of 2 limes
4 oz. clam juice
1/2 cup ketchup
4 serrano chilies
salt to taste

Boil shellfish until just tender, do not overcook. Let cool, then cut into small bite-sized pieces. Cocktail shrimp is already cooked. Chop finely tomatoes, avocados, onion, cilantro, chilies, and add to mixture. Squeeze juice of two limes into the salsa and add the clam juice and ketchup. Salt to taste.

Yotilde didn't like the seafood cocktail that is a specialty in Mexican cuisine, so she made this seafood dish into a salsa to be eaten with chips. She is originally from Arroyo Seco, Jalisco, and has lived in Anderson Valley for thirteen years.

Este cóctel de mariscos es perfecto como aperitivo en una fiesta. El conocido sabor del cóctel de camarones sumado a la rica salsa fresca resulta en una delicia que a todos les va a gustar. Servir con "chips" o con tostadas.

Salsa de Mariscos
POCO PICANTE

Yotilde Orozco

1 libra de mariscos o camarones de ensalada
1 libra de jitomates Roma
2 aguacates
1/2 cebolla grande
1/2 taza de cilantro picado
jugo de 2 limones verdes
4 onzas de jugo de almejas
1/2 taza de catsup
4 chiles serranos
sal al gusto

Hervir los mariscos hasta que estén ligeramente cocidos. Los camarones están precocidos. Dejar enfriar y cortar en trozos pequeños. Picar finamente los jitomates, aguacate, cebolla, cilantro y los chiles. Mezclar estos ingredientes con los mariscos. Agregar el jugo de limón, el jugo de almejas, el catsup y la sal.

Dado que a Yotilde no le gustaba el cóctel de mariscos, una especialidad de la cocina mexicana, ella lo convirtió en una salsa para comer con "chips". Yotilde viene de Arroyo Seco, Jalisco y ha vivido en Anderson Valley por trece años.

This is a simple, traditional salsa that is attractive to the eye and has a surprisingly delectable combination of flavors which are at once sour, sweet, spicy, pungent, and smoky-flavored. An excellent salsa for dipping and for chicken dishes and tamales.

Roasted Red Chili Tomatillo Salsa
MEDIUM-HOT

Priscila Anguiano

1 lb. tomatillos (husked)
1 oz. chile de árbol
   (15 dried red chiles)
1 clove garlic
1 tsp. salt
1/4–1/2 cup water

Wash tomatillos. Roast the tomatillos and chilies (see roasting instructions). De-seed chilies (see pg. 63). In a blender, combine chilies, garlic and water, blend on high. Add the tomatillos and salt, blend on low. Do not blend for more than ten seconds. Place in a serving dish. This recipe can also be made in a molcajete (see pg. 65).

Priscila initially resisted her brother's attempt to teach her this recipe because of her dislike for roasting vegetables. However, upon his insistence, she discovered this superb salsa and continues to use it to this day. Originally from Tumbiscatillo, Michoacan, Priscila has lived in Anderson Valley for eight years.

Aunque ésta es una salsa sencilla y tradicional, nos sorprende su deliciosa combinación de sabores a la vez agria, dulce, picante y ahumada. Esta atractiva salsa es excelente con pollo y tamales.

Salsa de Chile Rojo y Tomatillos Asados
MEDIO PICANTE

Priscila Anguiano

1 libra de tomatillos pelados
1 onza de chile de árbol
   (15 chiles secos)
1 diente de ajo
1 cucharadita de sal
1/4–1/2 taza de agua

Lavar los tomatillos y asarlos juntos a los chiles en un comal (o una sartén). Sacar las semillas de los chiles. Licuar los chiles, ajo y agua a velocidad alta. Agregar los tomatillos y la sal, licuar a velocidad baja no más de diez segundos. Se puede hacer esta receta en molcajete. Servir en un tazón.

Al principio, Priscila resistió los esfuerzos de su hermano para enseñarle esta receta porque a ella no le gustaba la labor de asar legumbres. Él insistió y ella descubrió la riqueza de esta salsa que aún usa. Priscila viene de Tumbiscatillo, Michoacán y ha vivido en Anderson Valley por ocho años.

This green salsa has a piquant taste with a velvety texture. Avocados and cilantro, combined with the sharp tang of serranos, make this a truly exquisite salsa. Serve with any dish.

Simmered Tomatillo Serrano Salsa

MEDIUM-HOT

Antonia Pérez

1 lb. tomatillos (husked)
5 serranos chilies
1 avocado
1/2 bunch cilantro, finely chopped
1 tsp. salt
1 clove garlic

Wash chilies, tomatillos and cilantro. Boil chilies and tomatillos in a saucepan with one cup of water until soft (5–10 minutes). Drain. Blend with garlic on low for one minute. Skin avocado, but save seed to put in the finished salsa. Blend avocado for five seconds on low, or mash in a molcajete (mortar and pestle). Combine tomatillo mixture and cilantro in bowl. Add the avocado seed (do not eat!) to preserve color. Salt to taste.

Antonia's family eats a different kind of salsa every day, but they especially like the avocados featured in this green salsa. Her husband likes his salsa "picoso" (hot!) and even enjoys one called "bruto de puro chile" (just lime, chilies, and salt). Antonia is originally from Uruapán, Michoacan, and has lived in Anderson Valley since 1979.

Esta salsa verde es de sabor picante y de suave consistencia. La combinación del aguacate, el cilantro y el pique de los serranos hacen de ésta una salsa de verdadero sabor exquisito. Sírvase con cualquier plato.

Salsa Verde con Chiles Serranos
MEDIO PICANTE

Antonia Pérez

1 libra de tomatillos pelados
5 chiles serranos
1 aguacate
1/2 ramito de cilantro, picado
1 cucharadita de sal
1 diente de ajo

Lavar los chiles, tomatillos y cilantro. Cubrir los tomatillos y chiles con agua y hervir hasta que estén blandos (5-10 minutos). Escurrir. Añadirles el ajo y licuar a velocidad lenta por un minuto. Pelar el aguacate y guardar la semilla para utilizarla en la salsa. Agregar y licuar el aguacate por 5 segundos a velocidad lenta o majar en molcajete. Combinar con el cilantro picado y la mezcla de tomatillos en un tazón. Añadir sal al gusto. Agregar la semilla del aguacate para mantener el color verde.

La familia de Antonia come diferentes tipos de salsa todos los días, pero a ellos especialmente les gustan los aguacates en la salsa verde. A su esposo le gusta su salsa picosa y le encanta una que se llama "bruto de puro chile" que sólo tiene limón, chiles y sal. Antonia es originalmente de Uruapán, Michoacán y ha vivido en Anderson Valley desde 1979.

This was one of the favorite salsas at the salsa cook-off night. Chipotle chilies have a deep, smoky flavor. The combination of tomatillos and cilantro produces a rich salsa that is an excellent accompaniment to grilled meats and all Mexican dishes.

Chipotle Salsa

HOT

Laura Espinosa

1 lb. tomatillos (husked)
3–5 jalapeños or serrano chilies
1 large onion
2 large garlic cloves
1/2 bunch cilantro
4 oz. canned chipotle chiles
salt to taste

Simmer whole tomatillos and jalapeños in 1/2 cup of water until soft and yellowed. Drain juice from chipotles and de-seed chilies (see page 63). Put tomatillo mixture in blender with the chipotle chilies, garlic and salt. Blend until smooth. Empty contents into a bowl and add finely chopped cilantro and onion.

Laura's aunt from Tijuana taught this recipe to her when Laura was twenty years old. Laura is originally from Mexico City and has lived in Anderson Valley for seven years.

Ésta fue una de las salsas favoritas de todos. Los chiles chipotles tienen un complejo sabor ahumado. La combinación de tomatillos y cilantro crean una rica salsa excelente para servir con la carne asada y con todo tipo de comida mexicana.

Salsa Chipotle
PICANTE

Laura Espinosa

1 libra de tomatillos, pelados
3–5 chiles jalapeños
   o serranos
1 cebolla grande
2 dientes grandes de ajo
1/2 ramito de cilantro
1 lata (4 oz)
   de chiles chipotles
sal al gusto

Hervir a fuego muy lento los tomatillos y los chiles jalapeños o serranos en 1/2 taza de agua hasta que estén blandos y amarillos. Escurrir los chiles chipotles y quitarles las semillas. Añadirlos a la mezcla de tomatillos, sazonar con la sal y el ajo y licuarlo todo hasta que esté líquido. Poner la mezcla en un tazón y agregarle la cebolla y el cilantro. Mezclar y servir.

Una tía de Tijuana le enseñó esta receta a Laura cuando tenía veinte años. Laura viene de la Ciudad de México y ha vivido en Anderson Valley durante siete años.

This salsa was a favorite at the Mendocino County Fair salsa booth! It is fresh and vibrant and impossible to stop eating. Use fresh fruit (in season) for this colorful summer salsa. It's quick and easy to make, combining tart and sweet flavors that go well with just about any dish, especially grilled fish and chicken.

Fresh Fruit Salsa

MILD-MEDIUM

Carmela Valdivia

5 Roma tomatoes
2–3 serrano chilies
1/4 onion (large)
1 avocado
1/2 bunch cilantro
1–2 limes
1 tsp. salt
1 tsp. sugar (optional)
1 cup of any fruit
1/2 tsp. chopped mint leaf (optional)
1 Tbs. fresh grated ginger (optional)

Finely chop onion and chilies and put into a bowl. Add lime juice and set aside for at least five minutes. Add salt, sugar (optional), finely chopped cilantro and avocado to mixture. Add diced fruit: mango, peach, nectarine, pear, pineapple. Optional: Add 1/4 cup any other fruit for color (i.e. blackberries, grapes, raspberries, strawberries). If pineapple is used add 1 Tbs. of fresh grated ginger. Add diced tomatoes. In fresh salsas, tomatoes should always be added last as salt draws out the juice. This salsa should be eaten soon after prepared.

Carmela remembers her mother making this salsa with pescado dorado (fried fish) and she has continued the combination with her family. She is originally from Uruapán, Michoacan, and has lived in Anderson Valley for twelve years.

Esta salsa fresca fue una de las predilectas en el puesto de salsas de la feria en Boonville. Para esta colorida salsa de verano debe usar la fruta fresca de la temporada. Esta salsa combina los sabores agrios con los dulces, y se adapta a cualquier tipo de comida, especialmente al pescado y al pollo a la parilla.

Salsa Fresca de Fruta
POCO PICANTE

Carmela Valdivia

5 jitomates Roma
2–3 chiles serranos
1/4 de una cebolla grande
1 aguacate
1/2 ramito de cilantro
1 cucharadita de sal
jugo de 1–2 limones verdes
1 taza de fruta
1 cucharadita de azúcar (opcional)
1 cucharadita de jenjibre (opcional, si se usa piña)
1/2 cucharadita de hojas de menta picada (opcional)

Picar finamente la cebolla y los chiles y colocarlos en un tazón. Agregar el jugo del limón, el azúcar y el cilantro. Elegir una o más frutas como desee (mango, durazno, nectarina, pera, piña) y cortar en pedacitos. Agregar 1/4 taza de otra fruta para dar color (moras, uvas, frambuesas o fresas). Cortar los jitomates en cuadritos, descartando el jugo que suelten y añadir a la mezcla justo antes de servir. Los jitomates deben ser el último ingrediente en añadirse, pues la sal hace que suelten su jugo. Esta salsa deberá comerse tan pronto se prepare.

Carmela recuerda que su madre preparaba esta salsa y la servía con pescado dorado. Carmela sigue la tradición y prepara la salsa para su familia. Ella viene de Uruapán, Michoacán y ha vivido en Anderson Valley por doce años.

This hearty salsa has the earthy undertones of oregano yet the tang of freshly-squeezed orange juice. It is a superb accompaniment for any meat dish, as well as enchiladas and tostadas.

Potato and Carrot Salsa

MILD-MEDIUM

María Elena Plancarte

3 medium carrots
2 medium potatoes
6 tomatoes
1 Tbs. fresh oregano
 (without flowers)
3–4 chilies in vinegar
 (canned jalapeños)
juice of 1 orange
salt to taste

Peel the carrots and potatoes. Wash and cook separately in boiling water until tender. Dice and put into a bowl; set aside. In blender, liquefy tomatoes, oregano, jalapeños and salt. Add to carrot and potato mixture along with the orange juice.

Maria Elena remembers, as a young girl, when her mother first made this salsa. She remembers thinking she would not like the strong combination of ingredients. To her surprise, she loved it and has continued this family tradition. She is originally from Jacona, Michoacan, and has lived in Anderson Valley for five years.

Esta sustanciosa salsa combina la esencia del orégano con el agridulce del jugo fresco de naranja. Excelente salsa para acompañar carnes, enchiladas, o tostadas.

Salsa de Papa y Zanahoria
POCO PICANTE

María Elena Plancarte

3 zanahorias medianas
3 papas medianas
6 jitomates
1 cucharada de orégano fresco (sin flores)
3–4 chiles jalapeños en vinagre (en lata)
jugo de 1 naranja
sal al gusto

Pelar y lavar las zanahorias y las papas. Hervirlas por separado hasta que estén ligeramente blandas. Cortar en cuadritos y poner en un tazón. Licuar los jitomates, el orégano, los jalapeños y la sal. Agregar a la mezcla de papas y zanahorias con el jugo de naranja.

De niña, cuando su madre preparó esta salsa, Maria Elena recuerda haber pensado que no le iba a gustar esta combinación de ingredientes tan fuertes. Cuál fue su sorpresa al descubrir lo mucho que le gustó. Todavía hoy, esta salsa es un plato tradicional de su familia. Maria Elena viene de Jacona, Michoacán y ha vivido en Anderson Valley por cinco años.

The taste of this fiery salsa takes you right to a village in Mexico! The smooth, yet piquant salsa is rounded off by the crunch of the fresh green onions and cilantro.

Roasted Three Chili Salsa
HOT-HOT

María Jiménez

1 lb. tomatillos, husked
1/2 lb. tomatoes
3 habanero chilies
25 chilies de árbol
4 jalapeño chilies
5 green onions (cut the top third off)
1–2 cloves garlic
1/2 cup cilantro
salt to taste

Roast chilies (see roasting instructions). De-seed chilies de árbol (pg. 63). Cover tomatoes and tomatillos with water and boil until soft (about 10 minutes). Drain, reserving half cup water. Blend roasted chilies on high with garlic and reserved liquid. Gradually add cooked tomatoes and tomatillos to blender and blend lightly (about 30 seconds). Pour into a bowl. Add chopped cilantro and green onions. Salt to taste. Mix well.

When Maria learned this salsa from her mother, it combined only two different chilies. She added the habaneros to give it more pizazz. The first time she served it to her family, they asked if she was angry when she made it. "¡Es muy enchiloso!" (It's very hot!) Maria, originally from La Laguneta, Michoacan, has lived in Anderson Valley for twenty years.

¡El sabor picante de esta salsa nos transporta directamente a un pueblito mexicano! Suave pero picante, esta salsa se complementa con la frescura de los trocitos de la cebolla de rabo y del cilantro.

Salsa de Tres Chiles Asados

MUY PICANTE

María Jiménez

1 libra de tomatillos pelados
1/2 libra de jitomates
3 chiles habaneros
25 chiles de árbol (chiles rojos secos)
4 chiles jalapeños
5 cebollas de rabo
1–2 dientes de ajo
1/2 taza de cilantro
sal al gusto

Asar los chiles. Quitar las semillas de los chiles de árbol. Cubrir con agua los tomatillos y jitomates y hervirlos hasta que estén blandos (approximademente 10 minutos). Reservar 1/2 taza de agua antes de escurrir. Licuar bien los chiles con el ajo y la 1/2 taza de agua reservada. Agregar en porciones y licuar los jitomates y tomatillos a velocidad lenta (como 30 segundos). Poner en un tazón. Picar finamente el cilantro y la cebolla de rabo y agregar al tazón. Agregar sal al gusto. Mezclar bien.

Cuando María aprendió de su madre a preparar esta salsa, solamente llevaba dos tipos de chiles. Maria agregó los chiles habaneros para darle un sabor más intenso. La primera vez que la sirvió a su familia, le preguntaron si estaba enojada cuando la preparó. "¡Es muy enchilosa!" María viene de La Laguneta, Michoacán y ha vivido en Anderson Valley por veinte años.

This simple, but vividly colorful fresh salsa is a lovely accompaniment to tacos, tostadas, and potato dishes.

Fresh Cabbage Salsa
MILD-MEDIUM

Beatriz Sánchez

3 Roma tomatoes
2–3 jalapeños or serranos
1 cup cabbage,
    green or purple,
    or a combination of both
1 bunch cilantro
1/2 onion
1 lime
salt to taste

Chop finely tomatoes, chilies, cilantro and onion. Thinly slice cabbage. Combine ingredients together in a bowl with the juice of 1 lime. Salt to taste.

Beatriz elaborated on the traditional fresh salsa enjoyed in Mexico by adding the fresh cabbage that she found to be a healthy and available ingredient year around. She is originally from Silau, Guanajuato, and has lived in Anderson Valley for five years.

Esta salsa de vivos colores es un hermoso acompañamiento para taquitos dorados, tostadas y papas.

Salsa Fresca de Repollo
POCO PICANTE

Beatriz Sánchez

3 jitomates Roma
2 chiles jalapeños
　o serranos
1 taza de repollo
　verde o morado
　o una combinacion
1 ramito de cilantro
1/2 cebolla
1 limón verde
sal al gusto

Picar finamente los chiles, jitomates, repollo, cilantro, y cebolla. Poner en un tazón, mezclándolo todo con el jugo de limón y la sal.

A la tradicional salsa fresca, deleite de México, Beatriz le ha añadido repollo fresco, un ingrediente sano y disponible en todas las temporadas del año. Beatriz viene de Silau, Guanajuato y hace cinco años que vive en Anderson Valley.

The surprisingly fragrant and unique flavors of clove and peppercorn add an earthy accent to tomatoes, garlic and jalapeños. The oregano is one more perfect touch. This salsa is delicious with tacos, especially grilled pork or goat. You can add cilantro and onion to the tacos.

Peppercorn and Clove Salsa

MEDIUM-HOT

Celia Argüelles

3 tomatoes
3–6 jalapeños
1–2 peppercorns, crushed
1–2 cloves, crushed
1 clove garlic, crushed
1/2 tsp. dried Mexican oregano
salt to taste

Cover with water and boil tomatoes and chilies until barely tender, 8–10 minutes. Drain water. Blend tomatoes and chilies in blender for one minute. Grind peppercorn, cloves, and garlic in a molcajete–mortar and pestle–add to the blender and blend thoroughly. Return to pan and cook for about three minutes. Season with oregano and salt.

When Celia was thirteen years old, her mother taught her how to make this salsa. Celia always makes this salsa to serve with roasted pork or goat tacos on special occasions. Celia is from Jalpa, Zacatecas, and has lived in Anderson Valley for twenty-two years.

El clavo y la pimienta negra aportan inesperada fragancia y sabor sin igual a la base de jitomates, ajo, y jalapeños. El orégano a su vez, se suma a la perfección de esta salsa. Es deliciosa cuando se sirve con carnes asadas, especialmente con tacos de puerco o birria.

Salsa de Pimienta y Clavo
MEDIO PICANTE

Celia Argüelles

3 jitomates
3–6 chiles jalapeños
1–2 granos de pimienta negra
1–2 clavos
1 diente de ajo
1/2 cucharadita de orégano mexicano, seco
sal al gusto

Cubrir con agua los jitomates y chiles y hervir hasta que apenas se ablanden, unos 8–10 minutos. Escurrir el agua y licuar los jitomates y chiles por un minuto. A éstos se les agrega la pimienta, el clavo y el ajo (los tres previamente molidos en el molcajete) y se vuelve a licuar hasta que todo quede bien mezclado. Poner la mezcla en una cazuela y cocinar aproximadamente tres minutos. Sazonar con orégano y sal.

Cuando Celia tenía trece años, su madre le enseñó a preparar esta salsa. Celia siempre la prepara en ocasiones especiales para servirla con tacos de carne de puerco asado o de birria. Celia es de Jalpa, Zacatecas y ha vivido en Anderson Valley por veintidós años.

This is a fresh, easy to prepare, delicious salsa that will enhance any dish. It is a superb dip for chips and sour cream.

Fresh Tomatillo Salsa

MEDIUM-HOT

Leticia Guerrero

1 lb. tomatillos, husked
1 bunch cilantro
3 cloves garlic
3–6 serranos or jalapeños
1 avocado
salt to taste

For a hotter sauce, use serranos; for a milder sauce use jalapeños.
Peel and quarter the tomatillos, but don't cook them. First blend garlic with a bit of water in blender, then combine all ingredients and blend well. Add the avocado at the end and pulse 5 times.

Leticia created this salsa herself and then discovered later that it is also made in Mexico City. She is originally from La Laguneta, Michoacan, and has lived in Anderson Valley for ten years.

Ésta es una sabrosa salsa fresca, fácil de preparar que hace una delicia de cualquier plato. Es estupenda con "chips" y crema agria.

Salsa de Tomatillo Fresco
MEDIO PICANTE

Leticia Guerrero

1 libra de tomatillos pelados
1 ramito de cilantro
3 dientes de ajo
3–6 chiles serranos o jalapeños
1 aguacate
sal al gusto

Nota: Para una salsa más picante, usar chiles serranos; para una menos picante usar jalapeños. Pelar los tomatillos, pero no cocinarlos. Primero, licuar el ajo con un poquito de agua. Agregarle los chiles, los tomatillos, el cilantro y la sal y volver a licuar hasta que todo se mezcle bien. Al final agregar el aguacate y presionar el pulsador 5 veces.

Leticia se inventó esta salsa y luego descubrió que también se hacía en la Ciudad de México. Ella viene de La Laguneta, Michoacán y ha vivido en Anderson Valley por diez años.

You will find this sweet salsa a unique combination of sweetness and fire. It is specifically used for tostadas, adding the perfect final touch.

Sweet Salsa for Tostadas

MILD-MEDIUM

Marta González

- 1 serrano chili
- 2 Tbs. onion
- 1/2 tsp. dried Mexican oregano
- 5 chiles de árbol
- 5 ripe Roma tomatoes
- 1 clove garlic
- 1 Tbs. vinegar (white or apple cider)
- 1 tsp. salt
- 3 Tbs. cooking oil
- 2 Tbs. sugar
- 1/3 cup water

Finely chop onion, serrano chili and dried oregano, set aside. De-seed chilies de árbol (see pg. 63). In hot oil, fry chilies quickly on both sides. Cool. In a blender, blend chilies de árbol, water, sugar, salt, vinegar, and garlic. When well blended, add tomatoes and blend for 20 seconds on low. Add to mixture in bowl. Mix well and serve. The tostadas are made with beans, cabbage, ham or cheese, fresh salsa, and this sweet salsa.

This recipe comes from Martha's hometown, Cotija, in Michoacán. Martha's mother was a friend of its creator, the owner of a tostada stand that had been selling tostadas for over thirty years. This salsa is her original recipe and, though recipes are guarded, Martha and her mother were let in on the secret of how to make this salsa.

Esta singular salsa, dulzura y fuego a una vez, se prepara específicamente para darle el toque final de perfección a las tostadas.

Salsa Dulce para Tostadas
POCO PICANTE

Marta González

1 chile serrano bien picado
2 cucharadas de cebolla picada
1/2 cucharadita de orégano mexicano, seco
5 chiles de árbol
5 jitomates tipo Roma
1 diente de ajo
1 cucharadita de vinagre (blanco o de manzana)
1 cucharadita de sal
2 cucharadas de azúcar
1/3 taza de agua
3 cucharadas de aceite

Poner los chiles serranos, la cebolla, y el orégano en un tazón. Sacar las semillas del chile árbol. Freír ligeramente los chiles de árbol en el aceite por ambos lados y dejarlos enfriar. Licuar los chiles fritos, el agua, azúcar, sal, vinagre y el ajo. Ya bien licuados, agregar los jitomates y licuar por 20 segundos a velocidad lenta. Agregar esta mezcla al tazón con la cebolla, el chile serrano y el orégano. Mezclar bien y servir. Las tostadas se preparan con frijoles, repollo, jamón o queso, salsa fresca y esta salsa dulce.

Esta receta original viene de un pueblito llamado La Cotija. La mamá de Marta era amiga de la dueña de un puesto de tostadas que había estado vendiendo tostadas por más de 30 años. Sus recetas eran resguardadas. Aún así, de algún modo, la madre de Marta se vino a enterar de la receta para esta salsa, una de las originales de la dueña.

This husky red salsa made with the rich and flavorful guajillo chilies is excellent served with barbecued chicken, roasted beef or pork, or enchiladas.

Guajillo Salsa

MEDIUM-HOT

Juana Sánchez

2 oz. guajillo chilies (approximately 5 chilies)
1–1/2 lbs. tomatillos (husked)
1/2 cup water (reserved)
2 Tbs. cooking oil
2 Tbs. onion, chopped
2 Tbs. cilantro, chopped
2 cloves garlic
1 tsp. salt or to taste

Cover the tomatillos with salted water and boil until barely tender (8–10 minutes). Drain after reserving 1/2 cup water. De-seed chilies (see pg. 63). Fry chilies in oil on medium heat, turning them over until evenly cooked, about 5 seconds on each side. Chilies will have a toasted look—*do not overcook* or they will taste bitter. Peel garlic and roast until blackened. Put the cooked tomatillos, roasted chilies, water, salt, onion, cilantro, and garlic in a blender for 5–6 seconds or until well blended.

Juana learned this salsa from her mother when she was thirteen years old. She remembers making it for special occasions and adds that she loves all salsas: "Food without salsa or chilies, I can't eat." Juana is from Guanajuato, and has lived in Anderson Valley for twenty years.

Esta suculenta salsa, preparada con los sabrosos chiles guajillos, es excelente para acompañar el pollo asado a la parilla, la carne asada, el puerco o las enchiladas.

Salsa de Guajillo

MEDIO PICANTE

Juana Sánchez

2 oz. chile guajillo
1–1/2 libras de tomatillos, pelados
1/2 taza de agua reservada de los tomatillos
2 cucharadas de aceite
2 cucharadas de cebolla picada
2 cucharadas de cilantro picado
sal al gusto

Lavar los tomatillos. Cubrirlos con agua sazonada con la sal y hervir hasta que apenas se ablanden (8-10 minutos). Escurrir. Quitarles las semillas a los chiles y freír en el aceite a fuego moderado. Según se frian, voltear los chiles para que se cocinen por todos lados. Cocinar cada lado como por cinco segundos hasta que se vean tostados. Si se cocinan demasiado, los chiles se tornarán amargos. Pelar el ajo y asarlo hasta que se torne negro. Poner todos los ingredientes en la licuadora y licuar por 5-6 segundos hasta que todo esté bien molido.

Cuando Juana tenía trece años aprendió a preparar esta salsa con su madre. Ella recuerda que la preparaba para ocasiones especiales. Ella dice: "No puedo comer la comida sin salsa ni chiles". Juana es de Michoacán y ha vivido en Anderson Valley por veinte años.

Emanating from this salsa are the wonderfully pungent flavors of shellfish and cucumbers in a tasty base of cocktail sauce. This combination is excellent served on tostadas or eaten with chips as an appetizer.

Ceviche of Cucumber Salsa

MEDIUM-HOT

América Bailón

2 medium cucumbers
1 lb. shellfish of your choice (shrimp, crab, clams, scallops, etc.)
8 tomatoes
4 jalapeños or (hotter) habaneros
1 medium onion
1/2 bunch cilantro
1 cup ketchup
2 Tbs. Valentine or Tabasco (hot sauce)
salt to taste

Chop cucumber into very small pieces. Put into a bowl. Chop seafood into very small pieces and boil in salted water until soft, but not overcooked (some shellfish are already cooked). Drain. Add to cucumbers. Chop finely tomatoes, chilies, cilantro, and onion. Mix into cucumber mixture. Add ketchup and valentine sauce. Stir until salsa is well blended. Salt to taste. Cucumber can be substituted with cooked cauliflower.

This salsa was first created by a teacher in the state of Michoacan. Her aim was to create an economical salsa that incorporated the most common of ingredients with the added nutrition of vegetables and seafood. América is originally from Uruapán, Michoacan, and has lived in Anderson Valley for almost a year.

El marisco y el pepino se juntan sobre una base de deliciosa salsa de cóctel. De esta combinación proviene el maravilloso sabor picante de esta salsa que se puede servir con tostadas o que sirve para acompañar "chips."

Salsa de Ceviche con Pepino
MEDIO PICANTE

América Bailón

2 pepinos medianos
1 libra de mariscos de su predilección
8 jitomates
4 chiles jalapeños o habaneros (más picantes)
1 cebolla mediana
1/2 ramito de cilantro
1–2 tazas de catsup o salsa de cóctel
2 cucharadas de salsa Valentina o tabasco
sal al gusto

Picar los pepinos en pedazos muy pequeños y poner en un tazón. Picar los mariscos en pedazos muy pequeños y hervir en agua con sal hasta que estén blanditos sin cocinar demasiado. (Ciertos mariscos ya vienen precocinados.) Escurrir y agregar al pepino. Cortar finamente los jitomates, chiles, cilantro y cebolla. Mezclar estos ingredientes con los pepinos y los mariscos. Agregar la salsa Valentina y el catsup. Sazonar con sal y mezclar bien. El pepino se puede substituir por la coliflor cocida.

Esta salsa se la inventó una maestra de Michoacán. Su intención era crear una salsa que no sólo incluyera los ingredientes más tradicionales sino otros como vegetales y mariscos que tienen un alto valor nutrtivo. América viene de Uruapán, Michoacán y ha vivido en Anderson Valley por más de un año.

Chilies used in Secrets of Salsa

Jalapeños – fresh green chilies
Canned jalapeños (canned chilies in vinegar)
Serranos – fresh green chilies
Chile de árbol seco (dried red chilies, 120 per bag)
Guajillo (dark red dried chilies, 2 ounce bag)
Chipotle (4 oz. canned chilies)
Habaneros – fresh red, yellow, or orange chilies
Chili powder – chili en polvo – red chili powder

Roasting Instructions for Chilies

Preparing salsas using roasted tomatoes and chilies is a technique typical of Mexican cooking that gives the ingredients a more robust and complex flavor. Many of the recipes in this book use this roasting method. When roasting the chilies, do not handle with your hands; use tongs or gloves and make sure there is proper ventilation. Don't touch your eyes!

Pan roasting method
Put fresh chilies in a large frying pan, heavy skillet, or a *comal* (griddle) on medium heat. Rotate chilies until they are blackened, blistered, and softened (about ten minutes). Chilies can be charred on a barbecue grill using the same technique. For dried chilies toast on low heat. Do not blacken or they will have a bitter taste. Toast on both sides turning constantly until they turn a deep red color (about five minutes). The recipes in this book do not require peeling the chilies, although that is an option. Let the chilies cool, then rub off charred peel with a paper towel.

Broiler method
Place fresh chilies on a cookie sheet and broil on medium heat. When one side is done, turn over to broil other side (about 5 minutes each side). Broil until chilies are soft, blistered and turn a yellowish color. For dried chilies, broil until they are turn a deep red toasted color, turning constantly (less than five minutes total). Cool.

How to de-seed chilies
Fresh chilies: After chilies are roasted, cut the chilies lengthwise and scoop out the seeds. Dried chilies: After chilies are roasted, break open the chilies and shake the seeds out or cut lengthwise to remove seeds and veins. De-seeding and de-veining will result in a milder salsa.

Roasting Instructions for Tomatoes

Pan roasting method
Put whole tomatoes in a frying pan, heavy skillet or *comal* over low heat. Keep turning with a spoon or tongs until the whole tomato is soft and blistered. The skin should change color and become brown, blackish or yellowed, about 10 minutes. Roast tomatillos in the same manner. The tomatillos will become soft and turn light green or yellow. It is okay if the tomatoes break open in the cooking process. The recipes in this book do not call for peeling the tomatoes, however this is an option with tomatoes (not tomatillos). Roast them, cool and peel off blackened skin. Do not worry about removing every bit.

Broiler method
Roast the tomatoes on a baking sheet below a medium hot broiler until soft and blistered on one side, then use tongs or a spoon to turn over and roast the other side – about five minutes each side. Keep a close eye on the broiling process. Cool.

How To Mix, Blend, Grind Salsa

Mortar and pestle or *molcajete* method
In Mexico, salsas which use roasted ingredients are traditionally made in a stone molcajete. It is believed that the taste and texture of the salsa is enhanced by grinding the ingredients by hand. In a large mortar, use the pestle to crush and grind the chilies, garlic, salt (cloves, black pepper, sesame seeds, oregano, etc. depending on recipe) into a coarse-textured paste. Add the roasted tomatoes one at a time and grind well with other ingredients.

Food processor/blender
Grind the chilies, salt, garlic (other dry ingredients) into a coarse paste consistency. Add a little water if needed. Add the tomatoes in portions and pulse a few times for a thicker salsa or blend well for a smoother consistency.

California

Anderson Valley in Mendocino County, California is about 100 miles north of San Francisco and home of Secrets of Salsa and its creators.

Mexico

The states of Mexico, Zacatecas, Guanajuato, Jalisco and Michoacan in central Mexico are the women's homeland regions and places of origin of the salsas.

The Anderson Valley Adult School and the authors of *Secrets of Salsa* would like to thank the local businesses and private donors for their support. As one donor so eloquently said:

> "This cookbook is an excellent way to share the rich local cooking culture that has emerged in the last twenty years in Anderson Valley; its influence is now seen in many of the restaurants and stands located up and down Highway 128."

Many of the authors of this unique "locally grown" cookbook are employed by businesses in Anderson Valley. It is gratifying to receive support from these businesses as well as a number of individuals. We thank *all* of you for your support.

Kendall Jackson/Edmeades • Roederer Estate • Esterlina Winery

Navarro Vineyards • Anderson Valley Viticulture Services

Brutocao Cellars • Christine Woods Winery

Claudia Springs Winery • Greenwood Ridge Vineyard

Corby Vineyards • Handley Cellars

Husch Vineyards • Pacific Echo Cellars

Valley Foothills Vineyard • Brad Wiley

Burroughs Construction • Anderson Valley Brewing Company

KM Handwovens • Cakebread Cellars

Goldeneye • Ferrington Vineyard

Henneberg Weingarten

THE
MEXICAN WOMEN
OF
ANDERSON VALLEY
HOPE THAT YOU ENJOY
THIS COOKBOOK AND
THANK YOU FOR YOUR
SUPPORT

¡GRACIAS!

Notes

Notas

Notes